DIE TESTAMENTE DES CEREBRO SANCTUARY

BUCH EINS

THE SNAKE KING

Copyright © 2025 KC Dochtermann

Alle Rechte vorbehalten. Kein Teil dieser Publikation darf ohne schriftliche Genehmigung des Verlags in irgendeiner Form oder mit irgendwelchen Mitteln, sei es elektronisch, mechanisch, durch Fotokopieren, Aufzeichnen, Scannen oder auf andere Weise, reproduziert, gespeichert oder übertragen werden. Das Kopieren, die Veröffentlichung auf einer Website oder die Verbreitung dieses Buches ohne Genehmigung ist illegal. **THE SNAKE KING**™ *beansprucht das moralische Recht, als Autor dieses Werks genannt zu werden.*

Erste Ausgabe - Juni 2025

Herausgeber: Pariah Works, LLC

CEREBRO SANCTUARY, THE SUPREME ENERGY, THE FLOW, *THE DIVINE MOLECULES*, und **THE SNAKE KING** sind allesamt eingetragene Warenzeichen, alle Rechte vorbehalten.

ISBN: 979-8-9926359 -5-9 (hardback)
ISBN: 979-8-9926359-6-6 (paperback)
ISBN: 979-8-9926359-7-3 (ePUB)
ISBN: 979-8-9926359-8-0 (iBook)
ISBN: 979-8-9926359-9-7 (Kindle)

*Dieses Buch ist meiner Zwillingsflamme gewidmet. Denn sie ist **Diejenige**, die mir gezeigt hat, wer ich war, wer ich jetzt bin und vor allem, wer ich morgen in diesem Leben sein kann.*

VORWORT

Die erste Frage, die einem wahrscheinlich am meisten in den Sinn kommt, ist: „Wer ist **THE SNAKE KING**™?" Er ist die Repräsentation, die Person eines Menschen, der sein Leben geändert hat. Ein Mensch, der trotz aller Bedenken, Fehler, Traumata und der generations- und gesellschaftlichen Prägung erwacht ist und sich gewandelt hat, um seine alten Gewohnheiten aufzugeben, so wie eine Schlange ihre Haut abstreift. Er zeigt das Potenzial in uns allen, dass, egal was in der Vergangenheit geschehen ist, Dunkelheit in Licht verwandelt werden kann. Er gibt anderen Hoffnung, dass auch sie in diesem Leben aufsteigen, ihr Leben ändern und ein erfülltes und zentriertes Leben in diesem Körper führen können.

Die Testamente des Cerebro Sanctuary sind eine Zusammenstellung von Wörtern und Ausdrücken von THE SUPREME ENERGY™ und das Universum, damit sich alle daran erinnern, was es bedeutet, ein Mensch zu sein. Buch Eins bildet den Anfang des Fundaments und die Wegweiser der Möglichkeiten, die dieses Universum auf der Reise zurück zu sich selbst bietet. Sie sollten von allen auf diesem Planeten, in diesem Leben, geteilt werden.

Wir glauben fest daran, dass diese Testamente von THE SUPREME ENERGY™ und das Universum, um die Grundlage und den Schwerpunkt der Organisation zu enthüllen und zu unterstützen.

INHALT

TESTAMENT EINS — 1
BLEIBEN SIE RUHIG ANGESICHTS DES STURMS

TESTAMENT ZWEI — 3
VERWANDELN SIE IHRE NARBEN IN STERNE

TESTAMENT DREI — 5
LEHREN AUS DER VERGANGENHEIT…
… LIEFERN SIE DIE VISION DER ZUKUNFT

TESTAMENT VIER — 7
WÄHLEN SIE IHRE WORTE SORGFÄLTIG

TESTAMENT FÜNF — 9
WAS KAPUTT WAR …
…KANN WIEDER AUFGEBAUT WERDEN

TESTAMENT SECHS — 11
FÜRCHTE DICH NICHT VOR DEM WEG, DEN DU GEWÄHLT HAST

TESTAMENT SIEBEN — 13
WIR HABEN ZU WEIT GEBOHRT

TESTAMENT ACHT — 17
ES MUSS NICHT MEHR DUNKEL SEIN

TESTAMENT NEUN — 21
SEI FREUNDLICH ZU ALLEN DINGEN …
… AUCH ZU DIR SELBST

TESTAMENT ZEHN — 25
WENN SIE EIN FUNDAMENT BAUEN …WÄHLEN SIE IHRE MATERIALIEN SORGFÄLTIG AUS

TESTAMENT ELF   27
ZWÄNGE SIND EINE ILLUSION

TESTAMENT ZWÖLF   31
REINIGE DEINEN GEIST

TESTAMENT DREIZEHN   35
VERGEBUNG IST DAS ULTIMATIVE HEILMITTEL

TESTAMENT VIERZEHN   37
WIR MÜSSEN WEISER SEIN ALS DIE VOR UNS

TESTAMENT FÜNFZEHN   41
HAB KEINE ANGST VOR DEM UNBEKANNTEN

TESTAMENT SECHZEHN   45
WIR MANIFESTIEREN, WAS WIR GLAUBEN

TESTAMENT SIEBZEHN   47
NICHTS STÖRT MICH

TESTAMENT ACHTZEHN   51
VERLIEREN SIE NICHT IHREN GLANZ

TESTAMENT NEUNZEHN   55
NIMM DAS UNERWARTETE AN

TESTAMENT ZWANZIG   59
PSYCHEDELISCHE SUBSTANZEN SIND EIN
GESCHENK VON THE SUPREME ENERGY™ UND
DAS UNIVERSUM

THE DIVINE MOLECULES   61

TESTAMENT EINS

BLEIBEN SIE RUHIG ANGESICHTS DES STURMS

Wir alle stehen in unserem Leben vor vielen Prüfungen. Wir stehen vor Herausforderungen und erleben Tragödien, manche mehr als andere. Aber wir müssen lernen, auf dem Boden zu bleiben. Wenn uns das Leben vor solche Herausforderungen stellt, müssen wir lernen, zentriert und stabil zu bleiben und zu akzeptieren, dass sich alles immer zum Besseren wendet. Vertraue darauf, dass die dunklen

Wolken und der Sturm vorüberziehen und die Sonne wieder in deinem Leben scheint.

Entwickle Charakter, Stärke und Widerstandskraft angesichts dessen, was du ertragen musst. Stehe aufrecht und stark, den Kopf in den Wind gerichtet, ausdauernd, unerschütterlich, beharrlich und mutig. Denke immer daran, dass du der Kapitän deines Schiffes bist; du bist der Befehlshaber deines Wesens. Verlass dich auf die Stimme deines höheren Selbst als deinen Kompass. Vertraue deinen Wahrnehmungen und Sinnen und steuere kopfüber in den Sturm.

TESTAMENT ZWEI

VERWANDELN SIE IHRE NARBEN IN STERNE

Wenn wir im Leben leiden und Fehler machen, lernen wir aus diesen Erfahrungen. Unsere Herzen sind gebrochen, wir werden betrogen, wir verlieren unsere Lieben. Nutze diese Erfahrungen, um im Leben stärker zu werden. Nimm die schlechten Dinge, die dir auf deinem Weg passieren, und verwandle sie in etwas Gutes – in Lektionen, die dir selbst helfen, die du teilen und andere inspirieren können, wenn sie sich ihren eigenen Herausforderungen stellen. Nimm diese Lektionen, Traumata und Wunden und verwandle sie in eine unerbittliche Kraft und werde zu einem Leuchtfeuer der Inspiration, des Lichts und der Liebe, das andere bewundern, schätzen und dem sie folgen können.

TESTAMENT DREI

LEHREN AUS DER VERGANGENHEIT...
... LIEFERN SIE DIE VISION DER ZUKUNFT

One can't control everything, one cannot fix everything and everyone, no matter how gifted or how big the heart may be. While a person can help and support someone else's journey, one can only heal and save themselves. But we can share our knowledge and experiences in order to help others to better themselves. The pain that someone has experienced in the past makes one stronger – especially if they can channel the experience to do good. One can help show the way, lighting the path for others to follow them out of the darkness. One can learn to have a stronger heart, as well as learn to be patient, humble, kind, compassionate and forgiving.

With these teachings of the yesteryear, we can step boldly into future. We can be keener and sharper than ever, drawing upon our imagination and prescience, combined with intuition and perception, to manifest the unimagined for tomorrow.

TESTAMENT VIER

WÄHLEN SIE IHRE WORTE SORGFÄLTIG

Worte sind mächtig und lassen sich meist nicht zurücknehmen. Sie können heilen, aber auch verletzen. Worte können im Zorn ausgesprochen werden, aber auch aus Liebe, aus dem Herzen kommend. Denn das Herz ist eng mit der Seele verbunden. Worte können vielen emotionalen Quellen entspringen – Wut, Schmerz, Hass, Trauer und Liebe. Sie haben eine starke Resonanz, und ihre Nachwirkungen können sehr nachhaltig sein. Werden sie ausgesprochen, können sie bei den Empfängern ein breites Spektrum an Emotionen auslösen. Sie können Traumata verursachen, das Selbstwertgefühl beeinträchtigen oder Selbstvertrauen und Lebensgeist stärken. Überlegen Sie es sich also gut, bevor Sie Worte verwenden. Manchmal ist es besser, Dinge unausgesprochen zu lassen oder für später aufzuheben.

TESTAMENT FÜNF

WAS KAPUTT WAR...
...KANN WIEDER AUFGEBAUT WERDEN

Aufgrund vergangener Erfahrungen können wir uns innerlich verletzt oder gebrochen fühlen. Man kann durch die Handlungen anderer verletzt werden oder durch deren Verhalten gegenüber anderen in Form von Bedauern. Es ist wichtig, aus solchen schmerzhaften Erfahrungen zu lernen und die Kraft dieser Weisheit zu nutzen, um die eigenen Gedanken und Verhaltensweisen zu verändern und ein ausgeglichenerer, einfühlsamerer und mitfühlenderer

Mensch zu werden. Selbst wenn man zuvor verletzt wurde, ist es wichtig, mit offenem Herzen an die Situation heranzugehen und sich stets auf Aufstieg und Einheit zuzubewegen. Man kann sich über die Zwänge erheben, die uns die Gesellschaft auferlegt – Konsumismus, Kapitalismus, Überkonsum, Gier, Habgier und Völlerei. Wie egoistisch und ichbezogen man doch werden kann! Man muss sich über den Punkt hinaus entwickeln, an dem man sich jetzt befindet, sonst zerstört oder sabotiert man sich selbst und alles, was einem so lieb und teuer ist. Egal wie trostlos die Dinge auch erscheinen mögen, es gibt immer die Möglichkeit eines Neuanfangs und Wiederaufbaus. Wir alle verdienen eine neue Chance, alles wieder in Ordnung zu bringen. Dunkelheit kann in Licht verwandelt werden – wenn wir uns dafür entscheiden.

TESTAMENT SECHS

FÜRCHTE DICH NICHT VOR DEM WEG, DEN DU GEWÄHLT HAST

Neues Leben beginnt im Dunkeln, wo neue Wege entstehen und neue Energie erwacht. Doch die Geburt ist nur der Anfang; sie muss gesät und gepflegt werden – um die neuen Wege für die zukünftigen Ernten zu gestalten. Folgen Sie Ihrem eingeschlagenen Weg weiter, ohne Angst vor dem Scheitern. Denn die Lektionen des Scheiterns bieten die Chance, es erneut zu versuchen und erfolgreich zu sein. Gehen Sie daher alle Unternehmungen und Reisen mit Mut, Zuversicht und Hoffnung an. Was wir heute als Glaube oder Traum hegen, kann unser Schicksal von morgen sein. Manchmal werden wir abgelenkt und abgelenkt, aber wenn wir uns wieder zentrieren und Fokus und Engagement zurückgewinnen, finden wir zurück auf den richtigen Weg und können die Reise in eine strahlende Zukunft antreten.

TESTAMENT SIEBEN

WIR HABEN ZU WEIT GEBOHRT

Konsumismus und Ressourcenabbau, scheinbar notwendig für eine moderne, industrialisierte Gesellschaft, sind seit langem ein Fluch der Menschheit. Wir sind nur in uns selbst begrenzt durch das, was wir glauben und was wir uns als Grenzen setzen. Wir sind nur eines von Milliarden Lebewesen auf dieser Erde – und verglichen mit der Anzahl der Lebewesen im gesamten Universum ist jedes einzelne nur ein winziger „Staub" in der großen Ordnung der Dinge. Dennoch können die Handlungen eines einzigen Lebewesens große Auswirkungen auf die große Ordnung des Universums haben.

Denken Sie daran, was dieser Planet uns allen beschert hat: sauberes Wasser, saubere Nahrung, saubere Luft. Die Fülle an Pflanzen und Arten, die diese Welt mit uns teilen. Der Boden, reich an Mineralien und Nährstoffen, und die Pflanzen, die uns mit Sauerstoff, Nahrung und Baustoffen versorgen, sind zerstört. Wo einst riesige Wälder auf der ganzen Welt waren, liegen heute öde Felder. Wo der Boden einst reich an Mineralien war, sind nur noch leere Flecken im Boden übrig, die als Erinnerung an das dienen, was einst war. Wo einst Herden wilder Tiere lagen, so weit das Auge reichte, erstrecken sich nun leere, stille Ebenen. Der Ozean, einst voller Leben, ist auf ein historisches Tief dezimiert. Einst gab es mehr als genug, um den Bedarf aller Arten zu decken, es gab Überfluss für alle. Möglicherweise haben wir all den Reichtum, den dieser Planet uns bietet, als selbstverständlich betrachtet. So sehr im Wettlauf um Förderung, Vermarktung und Konsum vergaßen wir, dass alles seine Grenzen hat, auch Mutter Erde. Möglicherweise können wir erkennen, dass wir zu weit gegangen sind. Dass wir zu tief gebohrt haben, dass wir mehr genommen haben, als wir brauchten, ohne daran zu denken, etwas zurückzugeben oder den nächsten Generationen etwas zu hinterlassen.

Es spielt keine Rolle, welchen Gott du anbetest. Es spielt keine Rolle, was du besitzt. Hör auf, dich in den kleinen Details und Problemen des Lebens zu verlieren, die langfristig keine große Bedeutung haben. Wir sind alle wichtig. Wir sind alle etwas Besonderes. Wir alle verdienen es, geliebt und respektiert zu werden für das, was wir sind und für das, was wir leisten können. Erkenne, dass jeder das Potenzial hat, in irgendeiner Form etwas Gutes für die Menschheit zu tun. Halte inne und genieße den

Geschmack. Lebe. Erlebe. Sammle. Entsorge. Stärke. Stärke dich selbst, stärke die, die du liebst. Stärke die, die du hasst. Stärke alle. Und dazu gehört auch, diesem Planeten Stärke zu verleihen, indem wir versuchen, etwas zurückzugeben, selbst wenn es nur darum geht, unseren Konsum zu reduzieren. Können wir mehr für diesen Ort tun, den wir unser Zuhause nennen? Vielleicht, indem wir bewusstere Entscheidungen treffen, indem wir mehr recyceln, neu säen und neu bevölkern, indem wir zur Abwechslung etwas zurückgeben, anstatt den Kurs des Überkonsums und der Gier fortzusetzen.

Dieses Leben auf diesem Planeten ist kurz, aber die Seele ist ewig. Der Kreislauf der Seele ist nur eine ewige Schleife, und wenn wir uns erheben und Erleuchtung erlangen, lernen wir, dass das, was wir einst für so wichtig hielten, in Wirklichkeit kaum noch Bedeutung hat. Gehe stattdessen weiter mit dem Universum voran, erkenne die Lektionen, die du in diesem Leben sammelst, und nutze sie zu deinem eigenen Wohl und dem aller anderen.

TESTAMENT ACHT

ES MUSS NICHT MEHR DUNKEL SEIN

Wie konnten wir so tief in uns dringen? Wie konnten wir zulassen, dass unsere Trauer uns so verbittert und verletzt hat? Wie konnten wir nicht mehr in vollkommener Glückseligkeit und Vertrauen miteinander und füreinander leben? Stattdessen haben wir die Möglichkeit, miteinander zu leben, zu vertrauen und die Unterschiede anderer wertzuschätzen. Wir müssen weiterhin an das große Potenzial glauben, das in jedem von uns steckt, und uns weiterhin selbst zur Verantwortung ziehen. Es ist so einfach und so wahr. Warum können wir nicht einfach sagen, was wir fühlen, und aufhören, Angst vor Ehrlichkeit zu haben? Es gibt keinen Grund für Geheimnisse, Hass, Eifersucht. Ist es möglich zu lernen, zu teilen, statt zu begehren, zu schätzen, statt herabzusetzen, zu akzeptieren, statt zu kritisieren? Öffnet Herz und Verstand und versucht, die Beweggründe anderer zu verstehen, anstatt sie zu verurteilen, bevor ihr sie kennt. Versucht, Mitgefühl für den Schmerz und die Ängste derer zu empfinden, die euch nahe stehen. Sei nicht über, sei nicht unter. Wir gehen gemeinsam – Hand in Hand. Gleichgewicht – das Gleichgewicht zwischen Dunkelheit und Licht ist unerlässlich. Das eine kann ohne das andere nicht existieren. Wie Yin und Yang wirken sie einander entgegen. Gemeinsam sorgen sie dafür, das Gleichgewicht wiederherzustellen. Alles Existierende ist Energie. Sie nimmt nur unterschiedliche Formen an – warum also etwas fürchten oder hassen, nur weil es so anders ist als das Vertraute? Früher oder später endet alles Materielle auf diesem Planeten.

Doch die Seele geht weiter und findet zurück zum Ursprung, um sich an einem anderen Ort wieder mit einem Seelenkollektiv zu vereinen. Und dann trennen wir uns wieder für eine weitere Reise in die physische Welt. Und immer wieder wiederholt es sich in einer Endlosschleife. Manche nennen es Himmel, andere Nirvana oder Paradies. Bei CEREBRO SANCTUARY ™ wir bezeichnen diesen ätherischen Bereich als THE FLOW™. Misstrauen, Verrat, Bosheit – all das passiert. Hoffentlich hören diese Verhaltensweisen auf, wenn wir uns dafür entscheiden, sie zu zeigen. Wir müssen einen Weg finden, neu anzufangen, unsere Grundwerte des Daseins neu zu definieren und zu gestalten. Was ist wichtiger im Leben? Mehr zu haben als jemand anderes? Es scheint das Spiel zu sein, das uns in diesem Leben beigebracht wurde: „Ich habe mehr und du hast weniger", was übersetzt werden kann mit: „Ich bin wichtiger als du."

Was für eine oberflächliche Existenz. „Wer mit den meisten Spielsachen stirbt, gewinnt." Nein. „Wer mit den meisten Freunden stirbt, gewinnt." Nein. „Wer mit der meisten Liebe stirbt, gewinnt." Nein. „Wer mit den meisten…… stirbt." Hör auf. Es ist kein Wettbewerb. Existiere. Mache Komplimente. Konvergiere. Hilf. Liebe. Unterstütze. Hör auf zu kämpfen. Du verpasst nichts. Es ist kein Spiel. Es ist kein Wettbewerb. Es ist etwas, das man Leben nennt. Wir sollten danach streben, es zu teilen. Wir entscheiden, es zu teilen – oder nicht. Statt zu konkurrieren, streben wir nach Koexistenz, Kooperation, Zusammenarbeit und Ausgewogenheit. Wenn wir diese Konzepte in unserem Leben anwenden, können wir ein Licht in einer dunklen Welt sein. Und indem wir uns zusammenschließen, schaffen wir die Möglichkeit, die Welt um uns herum zu erhellen.

TESTAMENT NEUN

SEI FREUNDLICH ZU ALLEN DINGEN...
...AUCH ZU DIR SELBST

Indem wir unser Leben leben und erfahren und versuchen, mit der Masse der Menschheit zu fließen, versuchen wir, unsere persönliche Reise fortzusetzen. Wir sind so viele – wie können wir erwarten, ständig miteinander zu interagieren? Während wir uns vermischen und miteinander fließen, entfernen wir die harten Kanten unserer selbst, denn sie schneiden, verletzen und zerstören. Wie Messer und Hämmer zerstören wir uns gegenseitig mit Worten und Taten. Was für eine Farce. Es kann eine solche Illusion sein, in der wir leben – getrieben davon, zu produzieren, zu arbeiten, uns abzumühen und uns über Dinge aufzuregen, die am Ende nicht viel bringen. Im Grunde haben wir unseren Weg verloren.

Was ist Lüge und was ist Wahrheit? Was ist real und was ist Illusion? Was ist so verdammt wichtig? Warum haben wir es so eilig? Warum können wir nicht sanfter, sanfter, freundlicher sein? Vielleicht sagen manche deshalb, „freundlicher" sei kein Wort. Weil sie nicht wollen, dass es existiert. Ist es so schlimm, freundlicher und mitfühlender zu anderen sein zu wollen? Warum gilt es als Schwäche? Was braucht es, um Menschen davon abzuhalten, sich um alles zu streiten? Um zu konsumieren, zu haben, zu erlangen, zu halten, einzufangen, einzusperren, zu besitzen? Wäre es nicht besser, frei zu sein? Stattdessen zu teilen? Doch es scheint, als wären wir darauf programmiert, zu konkurrieren, zu zerstören und zu entweihen. Dabei sollten wir doch das, was uns so nahe steht, annehmen und schützen. Dienen, sich kümmern, ermöglichen, unterstützen. Teilen, helfen, schützen, lieben, verehren und respektieren. So fließen wir im Einklang miteinander. Und indem wir diese Eigenschaften annehmen, können wir anderen in unserem Leben Güte erweisen, jeden Tag, in jeder Hinsicht.

Und so wie es wichtig ist, freundlich zu anderen zu sein, ist es genauso wichtig, freundlich zu uns selbst zu sein. Wir alle haben diese Stimmen in uns, die uns herausfordern und manchmal negativ auf unser Selbstbild einwirken. Wir machen Fehler, wir verlieren die Kontrolle über unsere Emotionen, wir lügen und betrügen andere, und manchmal betrügen wir sogar uns selbst. So wie es wichtig ist, anderen zu vergeben, haben wir auch die Möglichkeit, uns selbst zu vergeben. Es ist wichtig, dass wir auf unsere innere Stimme hören, und zwar aufmerksam, um die verschiedenen Persönlichkeiten, die in jedem von uns stecken, anzuerkennen und zu ehren.

Selbstliebe kann für viele eine Herausforderung sein, aber es ist wichtig, dass wir uns selbst manchmal an erste Stelle setzen, um Grenzen zu anderen und uns selbst zu setzen. Und im Wesentlichen, dass wir lernen, uns so zu akzeptieren, wie wir sind, die Eigenschaften und Gaben, die uns in unserem Körper gegeben wurden, so wie sie uns in diesem Leben gegeben wurden. Erlaube dir, du selbst zu sein, so wie du bist, nur für heute. Morgen gibt es immer noch Möglichkeiten zur Weiterentwicklung. Aber sei nur für heute gut zu dir selbst. Denn du bist genug für diese Welt, genau so, wie du bist.

TESTAMENT ZEHN

WENN SIE EIN FUNDAMENT BAUEN ... WÄHLEN SIE IHRE MATERIALIEN SORGFÄLTIG AUS

Wenn wir im Leben scheitern, müssen wir uns selbst vergeben und weitermachen. Wir dürfen keine Angst haben, neu anzufangen. Beim nächsten Mal schaffen wir es oder kommen ihm näher. Versuche es immer wieder. Es ist okay zu scheitern – mach einfach weiter. Es ist nie zu spät. Man ist nie zu alt. Man ist nie am Punkt ohne Umkehr. Es lässt sich reparieren. Ändere die Formel, ändere die Zutaten, ändere die Temperatur. Aber entscheidend ist die Wahl der richtigen Materialien, des richtigen Teams, des richtigen Moments, der richtigen Energie. Gib dein Bestes. Verzeih dir die Fehler der Vergangenheit. Du kannst eine neue Chance bekommen. Gib die Hoffnung nicht auf. Tauche in dich selbst ein. Finde die Ressourcen. Heile die Wunden. Repariere die Brüche. Finde die Schwachstellen – nicht um sie freizulegen, sondern um sie zu reparieren, um sie zu verbessern. Mach reinen Tisch, wenn es sein muss. Wasche die Dunkelheit und den Schutt weg. Fang neu an! Es ist nie zu spät.

Das Fundament ist der Schlüssel. Alles verfällt und zerfällt mit der Zeit – der Niedergang ist nicht aufzuhalten. Es ist ein Kreislauf. Es ist wie Software – wir beginnen mit den ersten Bausteinen, dem Fundament. Ist das Fundament schwach oder hohl, morsch oder defekt, dann wird es zerbröckeln, einstürzen, egal wie weit oder wie hoch wir es tragen. Alles altert, alles nutzt sich im Wind der Zeit ab – doch ein solides Fundament hält stand. Wir werden wieder aufbauen. Und wir werden die Lektionen, die wir gelernt haben, nutzen und es beim nächsten Mal besser machen. Das gilt für alles im Leben – es gibt nur zwei Konstanten: Energie und das Universum. Wir entstehen, wir wachsen, wir erreichen unseren Höhepunkt, und dann schwanken wir und verwelken wir. Und dann machen wir es wieder. Nur dass wir es beim nächsten Mal besser machen. Die Lehren der Vergangenheit tragen wir in die Zukunft, für ein besseres Morgen. Hör nie auf zu bauen. Denn du bist Energie, und Energie hört nie auf, sie verwandelt sich einfach.

TESTAMENT ELF

EINSCHRÄNKUNGEN SIND EINE ILLUSION

Was hält Sie zurück? Wer hat Sie verletzt? Wovor haben Sie Angst? Was unterdrückt Sie? Was wird mit Ihnen geschehen, ob Sie es versuchen oder nicht? Wir wissen es nicht. Die Illusion besteht darin, dass wir uns selbst zurückhalten. Wir haben Angst, dass etwas schiefgeht. Wir wurden verletzt. Wir wurden traumatisiert. Wir wurden geschädigt. Wir wurden Opfer. Und das alles summiert sich. Es verstärkt sich. Es zermürbt uns. Und wir müssen es loslassen, sonst ist es toxisch. Es überwältigt uns. Wir laufen davor weg. Wir versuchen, ihm zu entkommen. Wir unterdrücken es mit Alkohol, Drogen, Sex, Glücksspiel usw. – wir versuchen zu entkommen. Es sind der erlittene Schmerz und das Trauma, die uns unsere Kreativität, unsere Freude, unseren Antrieb, unsere Leidenschaften, unsere Freundlichkeit, unsere Fähigkeit zur Fürsorge und unser wahres Selbst rauben. Zwänge, Ängste, Unterdrückung – das ist es, was uns zurückhält. Es stiehlt uns, es raubt uns, was wir einst hatten – Begeisterung, Unschuld, Freude, Reinheit, einen klaren und gesunden Geist. Was einst ein frischer und kraftvoller Motor war, ist nun abgenutzt, ein alter und müder Schatten dessen, was er einst repräsentierte. Wie also bekommen wir ihn zurück? Wir suchen in uns selbst nach der Antwort. Damit das, was wir einst besaßen, nicht länger verloren ist. Wir finden es und bringen es zurück. Finde das Kind in dir. Das Kind, dem vor langer Zeit gesagt wurde, es sei nicht gut genug, es würde nicht dazugehören, man würde sich über es lustig machen, weil es sich traute, es selbst zu sein. Begegne ihm nicht mit Groll oder Wut, auch nicht mit einem Gefühl der Vergeltung. Lass es los – wirklich los – und bewege dich endlich auf die nächste Ebene deines Lebens.

Wir alle müssen Dinge tun, die uns keinen Spaß machen, aber das bedeutet nicht, dass wir uns für den Rest unseres Lebens darin einsperren müssen. Finde deine Freude. Suche sie. Lass dich nicht von deinem Ego oder den Ideologien oder Zwängen der Gesellschaft zurückhalten. Wir haben vergessen, wie es ist, wirklich unabhängig zu denken, weil uns alles um uns herum so sehr einschränkt – die Anforderungen, die Verantwortungen, die Einschränkungen – ob wahrgenommen oder real. Es gibt Etiketten dafür, was richtig oder falsch sein soll. Termine,

Misserfolge, Enttäuschungen – geschaffen durch die Erwartungen anderer. Und warum? Also, du willst ein Produkt oder eine Dienstleistung kaufen? Also, du willst dazugehören, cool sein, gesellschaftlich akzeptiert werden? Das ist der Sinn und Zweck des Lebens? Eine Rolle in einem Theaterstück spielen, um es allen recht zu machen? Das ist die Lüge, die man uns verkauft. Das ist kein Leben – das ist Leben für alle anderen außer für sich selbst.

Wir wurden geschaffen, um zu erschaffen, zu manifestieren, zu teilen und zu geben, zu dienen, aber das sollte nicht unser einziger Zweck sein. Es ist nicht der einzige Kern unserer Existenz, nur anderen zu dienen. Du musst auch dir selbst dienen! Du musst dich selbst lieben. Schränke dich nicht ein. Reduziere die Zwänge, die andere dir auferlegen. Beende deine Ängste – gib dir die Erlaubnis. Beende deine selbst wahrgenommenen Einschränkungen. Setze dir Grenzen für das, was du ertragen kannst und was du zulassen wirst. Das ist nicht egoistisch – es geht ums Überleben. Es heißt: „Hilf dir selbst, dann hilft dir Gott." Sei dein eigener bester Freund. Sei dein eigener bester Anwalt. Mach dich nicht klein. Befreie dich, wenn du dich traust. Erlaube dir zu scheitern. Erlaube dir, weniger zu sein und mehr zu sein. Du musst nicht alles haben. Du hast bereits alles, was du brauchst – tief in dir. Jetzt geh und finde es.

TESTAMENT ZWÖLF

REINIGEN SIE IHREN GEIST

Reinige dein Herz, reinige deine Seele. Hab keine Angst! Wie schon gesagt: „Alles ist vergeben." Warum müssen wir weiterhin Groll gegeneinander hegen? Warum diese Angst, das mangelnde Vertrauen, das mangelnde Zutrauen in andere? Wir urteilen, behandeln andere brutal und leben in ständiger Angst. Wir grübeln über die Vergehen oder möglichen Vergehen anderer nach. Wir machen andere nieder, anstatt sie zu unterstützen. Dabei müssten wir doch alle aufstehen. Wir kämpfen um Ressourcen. Wir kämpfen um Zeit. Wir kämpfen um Raum. Warum ist es nie genug? THE SUPREME ENERGY™ ist eine lustige Sache. Es gibt ein riesiges Malbuch, einen riesigen Spielplatz – genannt

Universum. Es malt die Farben – und dann benennen wir die Farben und entscheiden, ob sie gut oder schlecht sind. Wir setzen die Grenzen. Wir ziehen die Schranken und Grenzen – die Linien – innerhalb welcher bleiben wir? Welche überschreiten wir? Wir können nicht bereit sein, Liebe zu empfangen, bis der ganze Müll weggeräumt ist. Der Schmutz, mit dem wir unsere Herzen und Gedanken gefüllt haben – was wir für so wichtig hielten – Reichtum, materieller Gewinn, sich gegenseitig zu übertreffen. Sie nennen es „Vorankommen". So viel Konkurrenz. Das treibt uns dazu, Herz, Verstand und Seele mit Dingen vollzustopfen, die nicht wirklich wichtig sind. Konzentrieren wir uns stattdessen auf Freundlichkeit, Liebe, Respekt, Ruhe und innere Ruhe. Tief in unserem Inneren haben wir alle Angst zu versagen, andere mit unseren Taten und Gedanken zu verärgern. Wir haben Angst zu sterben. Wir haben Angst zu existieren. Und warum?

Ja, wir alle tragen Verantwortung gegenüber unseren Familien, unseren Freunden, unseren Gemeinschaften, unseren Netzwerken, unseren Ländern. Aber wir tragen auch die Verantwortung uns selbst gegenüber, die Momente zu leben, in einem Zustand erhöhter Weisheit zu sein und uns jeden Tag selbst zu ehren. Sei nicht so beschäftigt mit dem Leben, dass du vergisst, wie man lebt – mühelos, ohne all die Sorgen und Nöte. Wir sind so sehr damit beschäftigt, Grenzen zu wahren, dass wir vergessen, die Farben zu sehen, die THE SUPREME ENERGY™ und das Universum hat es für uns alle geschaffen. Es sollte geteilt, nicht begehrt werden. Deshalb heißt es: „Du bekommst, was du gibst." Manche nennen es Karma. Wer Liebe gibt, bekommt Liebe. Wer Wut gibt, bekommt Wut. Wer Frustration gibt, bekommt Frustration. Wer Ruhe gibt, bekommt Ruhe. Wer Klarheit gibt, bekommt Klarheit. Es ist „universell". Doch wie leicht vergessen wir!

Befreie deine Vergangenheit. Schaffe Platz für Fülle, Freundlichkeit, Großzügigkeit, Akzeptanz, Liebe, Hoffnung und Positivität. Sei ein Lichtblick in der Dunkelheit für andere. Wenn andere dich brauchen, sei für sie da. Wenn du Hilfe brauchst, bitte darum. Damit zeigst du Liebe und Wertschätzung für andere und gleichzeitig Liebe und Respekt für dich selbst. Dein Gehirn ist wie ein Computer – die Kapazität ist begrenzt, nur eine begrenzte Anzahl von Arbeitsspeichern, um Informationen zu übertragen. Also befreie dich von dem, was dir nicht mehr dient, und schaffe Platz für das Gute. Alles ist vergeben. Fang neu an. Ein klarer Geist bedeutet einen Neuanfang.

TESTAMENT DREIZEHN

VERGEBUNG IST DAS ULTIMATIVE HEILMITTEL

Virilität und Verletzlichkeit – das ist ein zweischneidiges Schwert. Stark und gleichzeitig sanft zu sein. Es ist wichtig, die Energien im Gleichgewicht zu halten. Wenn du auf Wut stößt, antworte mit Ruhe. Wenn du auf Zweifel stößt, antworte mit Sicherheit. Wenn du auf Chaos stößt, antworte mit Vernunft. Wenn du auf Schwäche stößt, antworte mit Stärke. Alles ist Energie. Sie gleicht sich aus, wie eine Flüssigkeit, die endlos hin und her fließt. Egal wie sehr du es versuchst, egal wie sehr du dich sträubst – man kann den Energiefluss nicht stoppen. Man kann jemanden mit aller Kraft hassen. Wir können versuchen, uns zu rächen und zu zerstören, bis es so weit ist, dass alles zerstört, ausgelöscht usw. ist. Wir handeln und existieren so, als ob sich Gelegenheiten nur einmal ergeben würden – als wäre es eine Fernsehsendung, die nie wieder ausgestrahlt wird. Aber das stimmt nicht. Man hat uns glauben gemacht, dass man nur eine Chance hat. Nur einen Versuch. Dabei ermöglicht uns das Universum, es immer wieder richtig zu machen – die ewige Möglichkeit, aufzusteigen. Hier haben Angst, Gier, Neid, Perfektionismus und Selbstgefälligkeit ihren Ursprung – weil wir darauf programmiert sind zu glauben, dies sei die einzige Chance. Dass sie nur einmal im Leben kommt. Doch das stimmt nicht. Die Angst, etwas zu verpassen, treibt uns voran. Dabei bietet sich uns immer wieder eine Chance, es beim nächsten Mal richtig zu machen.

Diesen Geist sollten wir im Herzen tragen. Entschlossenheit und Widerstandsfähigkeit statt Angst und Zweifel. Ja, materielle Dinge können zerbrechen. Metall rostet. Glas kann zerspringen. Besser wäre es, eher wie Eis zu sein – mit ein wenig Wärme lässt es sich zu Wasser verarbeiten, um wie ein Fluss zu fließen. Wie werden wir also beim nächsten Mal reagieren? Werden wir es „in den Boden rammen"? Oder werden wir vergeben und es vorübergehen lassen? Einige der größten Erfindungen entstanden durch Zufall. Triumph? Oder Tragödie? Es ist alles eine Frage der Perspektive. „Vergeben und vergessen" – Vergessen hat mit Erinnerung zu tun. Vergeben hat mit Verletzlichkeit zu tun. Sei verletzlich – Großes wird geschehen, wenn du es zulässt. Du musst die Chance nutzen, sonst wird es nie Wirklichkeit. Das Leben in diesem physischen Körper mag kurz sein, aber die Seele und ihre Energie sind ewig.

TESTAMENT VIERZEHN

WIR MÜSSEN KLÜGER SEIN...
...ALS DIE VOR UNS

Es gab viele große Männer und Frauen, bevor wir auf diese Welt kamen. Es gab viele große Propheten, viele große Philosophen, viele große Innovatoren. Wir sind heute so weit fortgeschritten, weil vor langer Zeit begonnen wurde. Jeder Mann und jede Frau kam vor uns, und sie gingen ähnliche Wege. Sie ertrug viele Herausforderungen. Sie stellten sich ihren Zweifeln und Ängsten. Sie überwanden sie. Sie fanden eine Lösung. Sie fanden einen Weg. Was wir heute vor uns haben, ist die Anthologie von Äonen voller Opfer, Arbeit und Sammlung. Leben für Leben, Mann für Mann, Frau für Frau – sie lebten, sie erlebten, sie hinterließen die Gaben ihrer Arbeit und ihrer Klagen, damit du sie empfängst und zur nächsten Ebene des Erwachens erhebst. So sehr wir uns auch bemühen, so viel wir auch gelernt haben – egal, welche Anstrengungen wir unternehmen oder welche Barrieren wir durchbrechen, der Körper, der Geist, das Physische – verrät uns. Denk daran, er ist nur ein Gefäß. Er hat ein Verfallsdatum. Der Körper wird nicht ewig währen, das war nie so gedacht.

Der Körper hat einen Zweck – zu leben, zu lieben, sich zu engagieren – zu lachen und zu weinen, Ekstase und Schmerz zu erfahren, Freude und Leid, Wachstum und Verfall. So verstehst und respektierst du die wahre Essenz der Existenz in der physischen Form. Wir sind nicht nur hier in diesen Körpern, um zu existieren – zu essen, zu atmen, zu kopulieren, zu defäkieren, zu schlafen. Es ist so viel mehr. Diese Dinge sind nur Funktionen. Es gibt einen Unterschied zwischen Funktion und Zweck. Du existierst für einen Zweck. Also, was ist dein Zweck? Was ist deine Mission? Frage dich selbst. Was bringst du mit ein? Was sind deine Gaben? Was hast du erreicht? Was ist dein Wert? Was bereitet deinem Herzen täglich Freude? Unterdrücke es nicht. Leugne es nicht. Habe keine Angst, es mit anderen zu teilen. Denn deine Gaben wurden dir gegeben, um sie zu teilen. Andere werden deine Gaben empfangen, wenn sie bereit sind.

So, wenn wir vor unseren Vorfahren stehen, möge dir tiefe Dankbarkeit und Respekt für sie entgegengebracht werden. Denn ohne sie, all ihre harte Arbeit, Entschlossenheit und ihren Erfolg hätten wir NICHTS. Was sie uns hinterlassen haben, ist ein Vermächtnis – das

Schwert zum Beschützen, den Hammer zum Bauen, das Heim zum Schutz, die Schule zum Erheben, die Blume zum Verehren, die Gnade zum Verstehen, die Liebe zum Heilen – all die Werkzeuge, all die Erfahrung und Weisheit, um ein kraftvolles Fundament zu erschaffen.

Die Fähigkeit, etwas zu verändern. Die Fähigkeit, Dinge besser zu hinterlassen, als wir sie vorgefunden haben. Unser Leben leichter zu machen, zu leben und zu gedeihen. Zu kommunizieren, zu kooperieren und als Teil des Bienenstocks zu gedeihen, denn wir wurden geschaffen, gemeinsam erfolgreich zu sein – uns zu ergänzen, statt zu konkurrieren. Wir sollen in HARMONIE existieren, in Verbindung, nicht in Dysfunktion. Und so machen wir weiter, auf den Schultern anderer, die vor uns kamen, streben nach noch mehr, erklimmen die nächste Ebene und bereiten den Boden für die Nächsten.

TESTAMENT FÜNFZEHN

HAB KEINE ANGST VOR DEM UNBEKANNTEN

Wir fürchten uns vor dem Unbekannten, ganz klar. Aber fragen Sie sich selbst, warum? Weil uns beigebracht wurde, keine Fragen zu stellen? Weil uns beigebracht wurde, nicht zu erforschen? Weil uns beigebracht wurde, nicht mehr zu erwarten? Ist es da draußen wirklich so gefährlich? Liegt es daran, dass es auf der anderen Seite etwas gibt, das wir nicht erforschen sollen? Gibt es eine unverborgene Wahrheit, die wir nicht preisgeben dürfen? Was hat Sie davon abgehalten? Aus welchem Grund haben

Sie aufgehört zu suchen? Wann haben Sie sich gesagt, Sie sollten aufhören? „Es ist nicht sicher." „Gehen Sie da nicht hin." „Über solche Dinge reden wir nicht." „Vielleicht gefällt Ihnen nicht, was Sie finden." „Neugier ist der Katze Tod." Wann hat Ihnen jemand – oder Sie selbst – gesagt, Sie sollten aufhören, Fragen zu stellen? Wann wurde Ihnen zum ersten Mal gesagt, Sie sollten aufhören, so zu denken? Können Sie sich an den Anfang erinnern, als Ihr Geist noch rein war und es keine Regeln gab? Es gab einen Punkt, an dem Sie uneingeschränkt waren – ohne Grenzen – als Ihr Geist so weit und riesig war wie das Universum selbst. Denn niemand hat dir bisher gesagt, dass du es nicht sehen, dir vorstellen, erschaffen, manifestieren oder verwirklichen kannst. Die Möglichkeiten sind endlos. Es ist die Angst vor dem Unbekannten, die so viele von uns zurückhält. Uns wurde beigebracht, wir sollten das Unbekannte fürchten. Uns wurde beigebracht, die Ordnung der Dinge nicht in Frage zu stellen oder uns überhaupt zu fragen, warum wir existieren.

Das Unbekannte. Es ist unergründlich. Wie ein Ozean ohne Grund. Der Weltraum. Die andere Seite. Die äußeren Grenzen. Wie das Universum. Dehnt es sich aus oder zieht es sich zusammen? Grenzenlos. Endlos. Es geht immer weiter und kommt zurück. Unendlich. Umfassend. Durchdringend. Nur weil wir es nicht vor uns sehen können, heißt das nicht, dass es nicht existiert. Warum haben wir solche Angst vor dem Unbekannten? Ist es Instinkt? Ist es Urangst? Möglicherweise liegt es an den Grenzen der reptilartigen Komponente unseres physischen Gehirns – der instinktiven Angst, nicht zu wagen, etwas zu hinterfragen, was nicht bereits von jemand anderem bewiesen wurde. Worauf warten wir? Soll jemand anderes entdecken, was wir selbst erforschen und finden könnten?

Oder leben Sie lieber in Angst oder Unwissenheit? Möglicherweise ist es eine Schutzmaßnahme, denn Körper und Geist unterliegen physischen Grenzen. Die Wahrheit des Universums und all seiner Energie ist so gewaltig, dass ein einzelnes Gehirn sie nicht bewältigen kann. Jeder von uns wurde nur mit einem Gehirn und Körper geboren. Doch gemeinsam sind wir so viel mehr. Wäre Ihr Gehirn ein Computer, könnte die Festplatte nur eine begrenzte Datenmenge oder, wie wir es heute nennen, Speicherplatz speichern. Wie könnten wir erwarten, dass ein Gehirn so viele Informationen speichert? Von einem Computer würden wir das niemals erwarten. Er würde ab einem bestimmten Punkt einfach aufhören. Wie wenn auf Ihrem Computer oder Telefon eine Meldung erscheint: „Festplatte voll. Kann keine weiteren Informationen aufnehmen. Bitte geben Sie Speicherplatz frei." Doch diese Meldung erhalten wir nie in unserem Gehirn – denn es ist wahrhaft grenzenlos. Wir können in diesem Leben immer weiter lernen, hinzufügen und kompilieren. Warum also aufhören? Aufhören, neugierig zu sein. Aufhören, Fragen zu stellen. Aufhören, nachzudenken. Aufhören, kreativ zu sein. Hör auf zu suchen.

Nein. Wir machen weiter. Der Wissenserwerb sollte niemals aufhören. Hast du Angst davor, was du lernen könntest oder wie es deine Perspektive verändern könnte? Hast du Angst davor, was andere von dir denken könnten, wenn du etwas Neues oder Originelles herausfindest? Oder wenn du einen Weg findest, anders zu denken? Was soll das denn für ein Spaß sein? Wo bleibt da die Herausforderung? Wir wurden mit unserem Verstand erschaffen, damit wir schlussfolgern, nachdenken, hinterfragen, uns ständig erweitern und weiterentwickeln können. Damit wir ständig Wissen erlangen können.

Manche nennen es Weisheit. Aber erreichen wir selbst dann jemals wirklich den „Punkt der Erleuchtung", einen Punkt, an dem wir aufhören und nicht mehr suchen? Natürlich nicht.

Denn unsere Lernfähigkeit ist grenzenlos. Wir sind nur durch die Grenzen eingeschränkt, die wir uns selbst setzen oder die uns andere setzen lassen. Stell dir also die Möglichkeiten vor, wenn unsere Gedanken miteinander vernetzt wären? Schau dir an, was mit dem Internet passiert ist. Wir haben Systeme mit begrenzter Kapazität miteinander verknüpft und ein „Supernetzwerk" geschaffen, das vielen von uns heute grenzenlos erscheint. Stellen Sie sich vor, was wir erreichen könnten, wenn wir unsere Gehirne auf ähnliche Weise miteinander vernetzen würden? Unendliche Systeme, miteinander verknüpft, um das Unbekannte zu erweitern und zu imaginieren. Und dann gäbe es möglicherweise nichts Unbekanntes mehr. Aber dann gäbe es auch nichts mehr zu entdecken. Vielleicht ist das der Grund für die Unendlichkeit. Deshalb hören wir nie auf zu suchen. Deshalb hören wir nie auf zu lernen. Deshalb hören wir nie auf zu träumen. Deshalb hören wir nie auf zu erschaffen. Deshalb hören wir nie auf. Denn wir alle bestehen aus Materie, die in Wirklichkeit Energie ist. Und Energie kann weder erzeugt noch zerstört werden. Sie verändert nur ihre Form ... und fließt.

TESTAMENT SECHZEHN

WIR MANIFESTIEREN, WAS WIR GLAUBEN

Wenn wir glauben, dass uns Schlechtes widerfährt, wird uns das Universum Schlechtes schenken. Umgekehrt: Wenn wir glauben, dass uns Gutes widerfährt, geschieht uns auch Gutes. Mit unseren Gedanken und Überzeugungen erschaffen wir unsere eigene Realität. Wenn wir glauben, dass es an unserem geplanten Hochzeitstag regnen wird, wird das Universum dafür sorgen. Wenn wir glauben, dass uns Großes in unserem Leben widerfährt, arbeiten wir hart und bleiben engagiert im Glauben daran, dass alles gut wird, und dann wird es auch so sein. Es ist besser, im Herzen und im Verstand das Vertrauen zu bewahren, dass sich alles zum Guten wenden wird. Dadurch senden wir nicht nur positive Energie ins Universum aus, sondern kommunizieren und handeln auch positiv, was die Voraussetzungen dafür schafft, dass Gutes geschieht und empfangen wird.

TESTAMENT SIEBZEHN

NICHTS STÖRT MICH

Wann entscheiden wir, dass wir uns beleidigt fühlen? Wann entscheiden wir, dass wir nicht tolerieren können? Wann haben wir keinen Wert mehr? Selbstwertprobleme, Schamgefühle – wenn wir an uns selbst denken – damit fängt alles an. Bedingungen, Zwänge, sie summieren sich. Wir lassen zu, dass die Handlungen anderer uns beeinflussen. Warum lassen wir zu, dass sich die einfachsten Dinge so sehr anhäufen, dass wir zulassen, dass sie uns beeinflussen? Die einfachsten kleinen Dinge oder die großen Dinge – sie scheinen wichtig zu sein – weil sie unseren Frieden stören. Natürlich! Sie halten uns davon ab, unser Ziel zu erreichen.

Das können wir nicht zulassen. Du bist nicht gut genug. Du fährst zu langsam. Du machst die Liebe nicht gut genug. Du bist nicht reich genug. Du bist nicht schön genug. Du bist nicht stark genug. Es geht um dich und deine Verbindung mit THE FLOW™. Es spielt keine Rolle, was andere wollen, erwarten oder verlangen. Lass nicht zu, dass es deinen Frieden stört – deinen inneren Frieden. Die Welt ist perfekt – sie ist ein Chaos. Ein perfektes Chaos. Wie können wir das ändern? Alleine geht es nicht. Vielleicht gelingt es uns am besten, höflich zu sein und zu versuchen, den Frieden des anderen nicht zu stören. Vielleicht können wir versuchen, fürsorglich, freundlich und mitfühlend mit anderen umzugehen und Rücksicht auf unsere Mitmenschen zu nehmen.

Warum nicht einfach ehrlich sein? Erkenne deine wahren Absichten. Ist das so schwer? Wir alle brauchen etwas. Es ist ein Teil unseres menschlichen Wesens, etwas zu brauchen. Es ist nicht falsch, etwas zu brauchen, zu begehren. Es wird falsch, wenn wir versuchen, unsere Bedürfnisse zu verbergen oder sie ständig über die Bedürfnisse anderer zu stellen. So beginnen die Spiele. Es ist besser, sein Bestes zu geben, um zu existieren und dieses Leben zu genießen, ohne andere zu schädigen. Tu, was du kannst, um positiv zu wirken. Das ist kein neues Konzept. Aber wir vergessen es leicht. Lass deinen inneren Frieden nicht durch alles Äußere stören. Es macht einen wahnsinnig, es überwältigt. Es ist zu viel. Die Welt. Das Universum. Es ist zu viel für eine Person – einen Prozessor – einen Computer – wie auch immer man es nennen will. Wir schaffen es nicht allein. Wir entscheiden uns, zusammenzuarbeiten. Wir entscheiden uns, zusammen zu leben. Wir entscheiden uns, zusammen zu existieren – in Frieden und Harmonie. Ist das wirklich so schwer? Es geht um Entscheidung. Es ging schon immer um Entscheidung.

Entscheide verantwortungsvoll – und respektvoll. Finde ein Gleichgewicht zwischen den Bedürfnissen anderer und deinen eigenen. Kompromisse. Grenzen. Respekt. Aber teile die Last. Niemand sollte für einen anderen zur Last werden müssen. Störe andere nicht, sonst stören sie dich vielleicht. Wenn wir anfangen zusammenzuarbeiten und unsere wahren Bedürfnisse offenlegen, können wir einander wirklich aus Fülle und Gemeinschaft heraus dienen.

TESTAMENT ACHTZEHN

VERLIEREN SIE NICHT IHREN GLANZ

Polieren. Glänzen. Dieses tolle, glitschige Gefühl, das du als Kind hattest. Erinnerst du dich an die Freude? Ungestört. Ungestört. Freude – es ist ein Gefühl, kein Wort. Dieser Moment, in dem man, egal was passiert, trotzdem glücklich ist. Wir hatten ihn am Anfang. Wir waren frei, wir konnten rennen und einfach die Momente genießen. Dann kam das Geld und all seine Bedingungen. Und jetzt, wenn das Geld aufhört, ist der Spaß vorbei. Also müssen wir arbeiten, um Geld zu verdienen, um glücklich zu sein. Es wird zur Falle, wenn wir nicht aufpassen! Deshalb brauchen wir einen Zustand des Glanzes. Denn wir machen uns nur Sorgen um Arbeit und Stress, die sowieso kommen, egal wie sehr wir dagegen ankämpfen. Deshalb ist es besser zu glänzen – wie eine reichhaltige Flüssigkeit –

man fließt und reist viel schneller. Warum? Weil es keine Reibung gibt, keine Blockaden, keinen Grund zur Angst. Nichts, woran man hängen bleiben müsste.

Aber dann ist da die Realität. Wir müssen weiterhin andere Dinge tun, die nicht zu unserer Freude beitragen. Doch tatsächlich können wir in jedem Moment, den wir erleben, nach Freude suchen. Es klingt verrückt, aber es ist Zeit, tief in uns hineinzugehen und die Freude zu finden, die wir als Kind empfunden haben. Das Staunen und die Aufregung des Unbekannten. Jeder neue Tag ist kein weiterer Tag in unserem selbst auferlegten Gefängnis – jeder Tag ist ein ABENTEUER. Es wurde immer wieder gesagt: „Steh auf", „Wach auf" – aber ohne das Gefühl von Freude und Staunen. Was bleibt uns, wenn wir so aufwachen? Dunkelheit. Verzerrung. Angst. Nichts Gutes. Wie die Worte sagen: „Nein" und „Gut". Also gibt es nichts Gutes. Und was ist gut? Gut ist gleichbedeutend mit Freude. Also sagen wir: „Keine Freude". Freude. Glanz. Glanz – oder ist es „Glanz"? Es sind die glänzenden Dinge, die unsere Aufmerksamkeit erregen, nicht wahr?

Wenn wir verloren, niedergeschlagen, verletzt, ausgebrannt, hoffnungslos oder am Ende unserer Kräfte sind – dann halte dich fest. Du stehst am Rande der Klippe, des tiefen Abgrunds, und starrst ins Nichts, in die tiefe Dunkelheit – die dich zu verschlingen droht. Steh stattdessen auf, erwache und finde das Kind tief in dir wieder. Erlebe den Abenteuergeist, mit dem du geboren wurdest, und schreite weiter voran, poliert und blitzblank.

So muss man leben. Fang an zu putzen. Nichts ist leicht, wenn es wertvoll ist. Lass dich nur nicht von der Welt und allem, was darin ist, schmälern und deinen Glanz verlieren.

Poliere dich, damit du wieder bereit bist für eine weitere Runde um den Block, mit deinem Lieblingsauto, -boot oder -flugzeug – was auch immer zählt. Der Punkt ist: Verliere deine Freude in diesen Tagen nicht. Sie scheint leicht zu verlieren, aber schwer wiederzufinden. Lächle, nicht nur mit den Zähnen, sondern auch mit den Augen – denn die Fenster zur Seele lügen nie.

TESTAMENT NEUNZEHN

UMARME DAS UNERWARTETE

Wann hattest du das letzte Mal Angst? Wann warst du das letzte Mal aufgeregt? Wann hast du das letzte Mal etwas schmecken können, bevor deine Zunge es berührt hat? Wann hast du das letzte Mal eine Orange gerochen? Hast du in diesem Moment ein Bild vor deinem inneren Auge festgehalten? Das ist wahrscheinlich die Essenz der Vorfreude. Du kannst es kaum erwarten – oder? „Du hast es fast geschafft." „Ich hole mir mein neues Fahrrad." „Ich kriege das Mädchen (oder den Kerl)", „Ich kriege das… werde…". Erwartungen… wir stellen Erwartungen an uns selbst, wir stellen Erwartungen an andere… erwarten. „Was hast du von mir erwartet?"

Wie schon gesagt: „Die Welt – die Welt ist perfekt – sie ist kaputt." Man kann nicht alles reparieren. Aber man kann etwas vorhersehen und auf alles vorbereitet sein, was möglicherweise kommt. Man kann sich im strahlenden Sonnenschein sonnen oder in der Angst vor einer möglichen Vorahnung. Es wird geschehen, wenn es geschehen soll. Entspannen Sie sich also einfach und atmen Sie tief und ruhig durch. Erwartung – wie eine riesige Welle, begann sie tief im Ozean, wo die Schichten dick sind – und nähert sich dem Ufer, wo die Schichten dünner und höher werden. Sie steigt und baut sich in der Ferne auf, diese Welle, wie eine mächtige Wand, die sich vorwärts bewegt, um schließlich am Strand zu landen.

Das ist der Moment, den Sie ergreifen wollen! Dieses Gefühl, ohne Zweifel sicher zu sein, was Sie wissen oder fühlen, dass es kommt. Ein Gefühl von Schwindel und Hochgefühl. Auf der anderen Seite der Gleichung – das Unerwartete. Diese Überraschung durch etwas, das nicht erwartet wurde. Hat Ihre Intuition Ihnen einen Hinweis darauf gegeben, was kommen würde? Oder kam es einfach „aus dem Nichts"? Darin liegt möglicherweise einer der weiteren Vorteile des Unbekannten, des Erlebens. Darin liegt also eine andere Form der Vorfreude – nicht zu wissen, was als Nächstes kommt, aber anstatt ihm mit Angst oder Furcht entgegenzutreten, das Unerwartete mit der gleichen Begeisterung zu begrüßen, die man dem Bestätigten entgegenbringt.

Nehmen Sie die Erdbeere, die Sie gleich essen werden – sie strotzt nur so vor süßer, roter Wonne – mitsamt Kernen. Man kann sie schmecken, bevor man sie isst. Diese Zitrone – die Schale abziehen, um die Schale darunter zu riechen, während sie winzige Zitrustropfen auf

Sie sprüht. Können Sie sich das vorstellen, bevor Sie sie überhaupt berührt haben? Ja, es ist das Hochgefühl, die Begeisterung, dieses Gefühl tief in Ihnen, das durch Ihren Magen und Solarplexus aufsteigt – diese Chakren öffnen und lösen sich. Das warme Glühen in Ihnen, das auf den nächsten Moment wartet, die nächste Gelegenheit, die nächste Welle, die nächste ... die nächste ...
Möglicherweise ist dies ein Zustand seliger Vergessenheit – mit aufgeregter Energie dasitzen und sehen, was sich entfaltet ... ein ewiger Zustand ewigen Staunens ... für immer. Die Fähigkeit, dieselbe Vorfreude zu zeigen und sie positiv auf Vertrautes und Ungewisses anzuwenden. Das ist möglicherweise eine weitere Gabe, eine alternative Perspektive. Wie heißt es so schön: „Seid vorbereitet."
Und in diesem Zustand der Bereitschaft senden wir ein Signal ans Universum und setzen ein Zeichen für Veränderung. Denn wenn wir diesen Weg beschreiten und ihn erleuchten, unerschrocken vor dem, was kommt, können wir fest verwurzelt sein und bereit sein, in eine Welt des rasanten Wandels einzutauchen.

TESTAMENT ZWANZIG

PSYCHEDELISCHE SUBSTANZEN SIND EIN GESCHENK VON THE SUPREME ENERGY™ UND DAS UNIVERSUM

Ob diese Substanzen aus natürlichem Pflanzenmaterial gewonnen oder im Labor synthetisiert werden, diese psychedelischen Moleküle - auch als CEREBRO SANCTUARY™ als *THE DIVINE MOLECULES*™ - sie sind einer der Schlüssel zum geistigen und spirituellen Wachstum der Menschheit und ermöglichen die Anerkennung der Bedeutung von Liebe, Respekt und

Wertschätzung auf individueller und gemeinschaftlicher Ebene. Sie ermöglichen uns ein tieferes Verständnis für die Komplexität und die Wunder des Lebens auf diesem Planeten, ermöglichen uns, uns mit der Natur in Einklang zu bringen und in andere Dimensionen und Bereiche des Universums zu reisen. Wir glauben, dass die Aufnahme dieser Moleküle in unseren Körper ein heiliges Sakrament ist. Indem wir sie genießen, erfahren wir, einander näher zu sein, THE SUPREME ENERGY™, zum Universum und all seinen Wundern. Und indem wir das tun, ermöglicht es uns, unsere begrenzten Gehirne zu nutzen, um das Unendliche zu berühren, mit unserem früheren Selbst in Kontakt zu treten, uns mit unseren verlorenen Vorfahren zu beschäftigen und einen höheren Seinszustand zu erreichen, während wir beginnen, unsere weltliche Haut abzustreifen und wieder der Mensch zu werden, der wir sein sollten.

THE DIVINE MOLECULES ™

Ayahuasca/DMT: THE SPIRIT MOLECULE ™

Ibogain: THE CLEANSE MOLECULE ™

Ketamin: THE JOURNEY MOLECULE ™

LSD: THE VISION MOLECULE ™

MDMA: THE LOVE MOLECULE ™

Meskalin: THE ANCESTOR MOLECULE ™

Psilocybin: THE TRANQUILITY MOLECULE ™

Salvia: THE GHOST MOLECULE ™

2C-B: THE EMPATHY MOLECULE ™

5-Me0-DMT: THE GOD MOLECULE ™

Die Testamente des Cerebro Sanctuary

www.ingramcontent.com/pod-product-compliance
Lightning Source LLC
Chambersburg PA
CBHW042312150426
43199CB00001B/8